Joseph von Eichendorff

Hundert Gedichte

Joseph von Eichendorff

Hundert Gedichte

Herausgegeben von
Klaus Seehafer

Aufbau-Verlag

ISBN 3-351-02967-5

1. Auflage 2003
© Aufbau-Verlag GmbH, Berlin 2003
Einbandgestaltung Ute Henkel/TorstenLemme
Typographie Peter Birmele
Druck und Binden Clausen & Bosse, Leck
Printed in Germany

www.aufbau-verlag.de

INHALT

In einem kühlen Grunde
Von Lieb und Liebesleid

Es steht ein Berg in Feuer
Fahrt durchs Jahr

Der Himmel macht die Runde
Abend, Nacht und Morgengrauen

Die Zeit tritt auf so leis und fein
Intermezzo des Sängers

Du bist die Hexe Lorelei
Geschichten von gestern und nie

Das ist der alte Baum nicht mehr
Vom Wandern und Heimkehren

Wo aber werd ich sein im künft'gen Lenze?
Lauf des Lebens

Anhang

IN EINEM KÜHLEN GRUNDE

Von Lieb und Liebesleid

VOR DER STADT

Zwei Musikanten ziehn daher
Vom Wald aus weiter Ferne,
Der eine ist verliebt gar sehr,
Der andre wär es gerne.

Die stehn allhier im kalten Wind
Und singen schön und geigen:
Ob nicht ein süß verträumtes Kind
Am Fenster sich wollt zeigen?

WAHL

Der Tanz, der ist zerstoben,
Die Musik ist verhallt,
Nun kreisen Sterne droben,
Zum Reigen singt der Wald.

Sind alle fortgezogen,
Wie ist's nun leer und tot!
Du rufst vom Fensterbogen:
»Wann kommt das Morgenrot!«

Mein Herz möcht mir zerspringen,
Darum so wein ich nicht,
Darum so muß ich singen,
Bis daß der Tag anbricht.

Eh es beginnt zu tagen:
Der Strom geht still und breit,
Die Nachtigallen schlagen,
Mein Herz wird mir so weit!

Du trägst so rote Rosen,
Du schaust so freudenreich,
Du kannst so fröhlich kosen,
Was stehst du still und bleich?

Und laß sie gehn und treiben
Und wieder nüchtern sein,
Ich will wohl bei dir bleiben!
Ich will dein Liebster sein!

ANKLÄNGE

I

Liebe, wunderschönes Leben,
Willst du wieder mich verführen,
Soll ich wieder Abschied geben
Fleißig ruhigem Studieren?

Offen stehen Fenster, Türen,
Draußen Frühlingsboten schweben,
Lerchen schwirrend sich erheben,
Echo will im Wald sich rühren.

Wohl, da hilft kein Widerstreben,
Tief im Herzen muß ich's spüren:
Liebe, wunderschönes Leben,
Wieder wirst du mich verführen!

Dein Bildnis wunderselig
Hab ich im Herzensgrund,
Das sieht so frisch und fröhlich
Mich an zu jeder Stund'.

Mein Herz still in sich singet
Ein altes, schönes Lied,
Das in die Luft sich schwinget
Und zu dir eilig zieht.

GLÜCK

Wie jauchzt meine Seele
Und singet in sich!
Kaum, daß ich's verhehle,
So glücklich bin ich.

Rings Menschen sich drehen
Und sprechen gescheut,
Ich kann nichts verstehen,
So fröhlich zerstreut. –

Zu eng wird das Zimmer,
Wie glänzet das Feld,
Die Täler voll Schimmer,
Weit herrlich die Welt!

Gepreßt bricht die Freude
Durch Riegel und Schloß,
Fort über die Heide!
Ach, hätt ich ein Roß! –

Und frag ich und sinn ich,
Wie *so* mir geschehn: –
Mein Liebchen herzinnig,
Das soll ich heut sehn!

DIE STILLE

Es weiß und rät es doch keiner,
Wie mir so wohl ist, so wohl!
Ach, wüßt es nur Einer, nur Einer,
Kein Mensch es sonst wissen sollt!

So still ist's nicht draußen im Schnee,
So stumm und verschwiegen sind
Die Sterne nicht in der Höhe,
Als meine Gedanken sind.

Ich wünscht, es wäre schon Morgen,
Da fliegen zwei Lerchen auf,
Die überfliegen einander,
Mein Herze folgt ihrem Lauf.

Ich wünscht, ich wäre ein Vöglein
Und zöge über das Meer,
Wohl über das Meer und weiter,
Bis daß ich im Himmel wär!

2

Die Welt ruht still im Hafen,
Mein Liebchen, gute Nacht!
Wann Wald und Berge schlafen,
Treu' Liebe einsam wacht.

Ich bin so wach und lustig,
Die Seele ist so licht,
Und eh ich liebt, da wußt ich
Von solcher Freude nicht.

Ich fühl mich so befreiet
Von eitlem Trieb und Streit,
Nichts mehr das Herz zerstreuet
In seiner Fröhlichkeit.

Mir ist, als müßt ich singen
So recht aus tiefster Lust
Von wunderbaren Dingen,
Was niemand sonst bewußt.

O könnt ich alles sagen!
O wär ich recht geschickt!
So muß ich still ertragen,
Was mich so hoch beglückt.

DER SCHNEE

Wann der kalte Schnee zergangen,
Stehst du draußen in der Tür,
Kommt ein Knabe schön gegangen,
Stellt sich freundlich da zu dir,
Lobet deine frischen Wangen,
Dunkle Locken, Augen licht,
Wann der kalte Schnee zergangen,
Glaub dem falschen Herzen nicht!

Wann die lauen Lüfte wehen,
Scheint die Sonne lieblich warm:
Wirst du wohl spazierengehen,
Und er führet dich am Arm,
Tränen dir im Auge stehen,
Denn so schön klingt, was er spricht,
Wann die lauen Lüfte wehen,
Glaub dem falschen Herzen nicht!

Wann die Lerchen wieder schwirren,
Trittst du draußen vor das Haus,
Doch er mag nicht mit dir irren,
Zog weit in das Land hinaus;
Die Gedanken sich verwirren,
Wie du siehst den Morgen rot, –
Wann die Lerchen wieder schwirren,
Armes Kind, ach wärst du tot!

PAROLE

Sie stand wohl am Fensterbogen
Und flocht sich traurig ihr Haar,
Der Jäger war fortgezogen,
Der Jäger ihr Liebster war.

Und als der Frühling gekommen,
Die Welt war von Blüten verschneit,
Da hat sie ein Herz sich genommen
Und ging in die grüne Heid'.

Sie legt das Ohr an den Rasen,
Hört ferner Hufe Klang –
Das sind die Rehe, die grasen
Am schattigen Bergeshang.

Und abends die Wälder rauschen,
Von fern nur fällt noch ein Schuß,
Da steht sie stille, zu lauschen:
»Das war meines Liebsten Gruß!«

Da sprangen vom Fels die Quellen,
Da flogen die Vöglein ins Tal.
»Und wo ihr ihn trefft, ihr Gesellen,
Grüßt mir ihn tausendmal!«

Ade, mein Schatz, du mocht'st mich nicht,
Ich war dir zu geringe.
Einst wandelst du bei Mondenlicht
Und hörst ein süßes Klingen,
Ein Meerweib singt, die Nacht ist lau,
Die stillen Wolken wandern,
Da denk an mich, 's ist meine Frau,
Nun such dir einen andern!

Ade, ihr Landsknecht', Musketier'!
Wir ziehn auf wildem Rosse,
Das bäumt und überschlägt sich schier
Vor manchem Felsenschlosse,
Der Wassermann bei Blitzesschein
Taucht auf in dunklen Nächten,
Der Haifisch schnappt, die Möwen schrein –
Das ist ein lust'ges Fechten!

Streckt nur auf eurer Bärenhaut
Daheim die faulen Glieder,
Gottvater aus dem Fenster schaut,
Schickt seine Sündflut wieder,
Feldwebel, Reiter, Musketier,
Sie müssen all ersaufen,
Derweil mit frischem Winde wir
Im Paradies einlaufen.

An die Waldvögel

Konnt mich auch sonst mit schwingen
Übers grüne Revier,
Hatt ein Herze zum Singen
Und Flügel wie ihr.

Flog über die Felder,
Da blüht' es wie Schnee,
Und herauf durch die Wälder
Spiegelt' die See.

Ein Schiff sah ich gehen
Fort über das Meer,
Meinen Liebsten drin stehen –
Dacht meiner nicht mehr.

Und die Segel verzogen,
Und es dämmert' das Feld,
Und ich hab mich verflogen
In der weiten, weiten Welt.

In einem kühlen Grunde,
Da geht ein Mühlenrad,
Mein' Liebste ist verschwunden,
Die dort gewohnet hat.

Sie hat mir Treu' versprochen,
Gab mir ein'n Ring dabei,
Sie hat die Treu' gebrochen,
Mein Ringlein sprang entzwei.

Ich möcht als Spielmann reisen
Weit in die Welt hinaus
Und singen meine Weisen
Und gehn von Haus zu Haus.

Ich möcht als Reiter fliegen
Wohl in die blut'ge Schlacht,
Um stille Feuer liegen
Im Feld bei dunkler Nacht.

Hör ich das Mühlrad gehen:
Ich weiß nicht, was ich will –
Ich möcht am liebsten sterben,
Da wär's auf einmal still!

Sind's die Häuser, sind's die Gassen?
Ach, ich weiß nicht, wo ich bin!
Hab ein Liebchen hier gelassen,
Und manch Jahr ging seitdem hin.

Aus den Fenstern schöne Frauen
Sehn mir freundlich ins Gesicht,
Keine kann so frischlich schauen,
Als mein liebes Liebchen sicht.

An dem Hause poch ich bange –
Doch die Fenster stehen leer,
Ausgezogen ist sie lange,
Und es kennt mich keiner mehr.

Und ringsum ein Rufen, Handeln,
Schmucke Waren, bunter Schein,
Herrn und Damen gehn und wandeln
Zwischendurch in bunten Reihn.

Zierlich Bücken, freundlich Blicken,
Manches flücht'ge Liebeswort,
Händedrücken, heimlich Nicken –
Nimmt sie all der Strom mit fort.

Und mein Liebchen sah ich eben
Traurig in dem lust'gen Schwarm,
Und ein schöner Herr daneben
Führt' sie stolz und ernst am Arm.

Doch verblaßt war Mund und Wange,
Und gebrochen war ihr Blick,
Seltsam schaut' sie stumm und lange,
Lange noch auf mich zurück. –

Und es endet Tag und Scherzen,
Durch die Gassen pfeift der Wind –
Keiner weiß, wie unsre Herzen
Tief von Schmerz zerrissen sind.

WEHMUT

I

Ich kann wohl manchmal singen,
Als ob ich fröhlich sei,
Doch heimlich Tränen dringen,
Da wird das Herz mir frei.

So lassen Nachtigallen,
Spielt draußen Frühlingsluft,
Der Sehnsucht Lied erschallen
Aus ihres Käfigs Gruft.

Da lauschen alle Herzen,
Und alles ist erfreut,
Doch keiner fühlt die Schmerzen,
Im Lied das tiefe Leid.

DER BRÄUTIGAM

Von allen Bergen nieder
So fröhlich Grüßen schallt
Das ist der Frühling wieder,
Der ruft zum grünen Wald!

Ein Liedchen ist erklungen
Herauf zum stillen Schloß –
Dein Liebster hat's gesungen,
Der hebt dich auf sein Roß.

Wir reiten so geschwinde,
Von allen Menschen weit. –
Da rauscht die Luft so linde
In Waldeseinsamkeit.

Wohin? Im Mondenschimmer
So bleich der Wald schon steht. –
Leis rauscht die Nacht – frag nimmer,
Wo Lieb' zu Ende geht!

DER WINZER

Es hat die Nacht geregnet,
Es zog noch grau ins Tal,
Und ruhten still gesegnet
Die Felder überall;
Von Lüften kaum gefächelt,
Durchs ungewisse Blau
Die Sonne verschlafen lächelt'
Wie eine wunderschöne Frau.

Nun sah ich auch sich heben
Aus Nebeln unser Haus,
Du dehntest zwischen den Reben
Dich von der Schwelle hinaus,
Da funkelt' auf einmal vor Wonne
Der Strom und Wald und Au' –
Du bist mein Morgen, meine Sonne,
Meine liebe, verschlafene Frau!

DER JUNGE EHEMANN

Hier unter dieser Linde
Saß ich vieltausendmal
Und schaut nach meinem Kinde
Hinunter in das Tal,
Bis daß die Sterne standen
Hell über ihrem Haus
Und weit in den stillen Landen
Alle Lichter löschten aus.

Jetzt neben meinem Liebchen
Sitz ich im Schatten kühl,
Sie wiegt ein muntres Bübchen,
Die Täler schimmern schwül,
Und unten im leisen Winde
Regt sich das Kornfeld kaum,
Und über uns säuselt die Linde –
Es ist mir noch wie ein Traum.

Die Abendglocken klangen
Schon durch das stille Tal,
Da saßen wir zusammen
Da droben wohl hundertmal.

Und unten war's so stille
Im Lande weit und breit,
Nur über uns die Linde
Rauscht' durch die Einsamkeit.

Was gehn die Glocken heute
Als ob ich weinen müßt?
Die Glocken, die bedeuten,
Daß meine Lieb' gestorben ist!

Ich wollt, ich läg begraben,
Und über mir rauschte weit
Die Linde jeden Abend
Von der alten, schönen Zeit!

Zur ew'gen Ruh sie sangen
Die schöne Müllerin,
Die Sterbeglocken klangen
Noch übern Waldgrund hin.

Da steht ein Fels so kühle,
Wo keine Wandrer gehn,
Noch einmal nach der Mühle
Wollt dort der Jäger sehn.

Die Wälder rauschten leise,
Sein Jagen war vorbei,
Der blies so irre Weise,
Als müßt das Herz entzwei.

Und still dann in der Runde
Ward's über Tal und Höhn,
Man hat seit dieser Stunde
Ihn nimmermehr gesehn.

Vom Berge

Da unten wohnte sonst mein Lieb,
Die ist jetzt schon begraben,
Der Baum noch vor der Türe blieb,
Wo wir gesessen haben.

Stets muß ich nach dem Hause sehn
Und seh doch nichts vor Weinen,
Und wollt ich auch hinuntergehn,
Ich stürb dort so alleine!

Der Fluß glitt einsam hin und rauschte,
Wie sonst, noch immer, immerfort,
Ich stand am Strand gelehnt und lauschte,
Ach, was ich liebt, war lange fort!
Kein Laut, kein Windeshauch, kein Singen
Ging durch den weiten Mittag schwül,
Verträumt die stillen Weiden hingen
Hinab bis in die Wellen kühl.

Die waren alle wie Sirenen
Mit feuchtem, langem, grünem Haar,
Und von der alten Zeit voll Sehnen
Sie sangen leis und wunderbar.
Sing, Weide, singe, grüne Weide!
Wie Stimmen aus der Liebsten Grab
Zieht mich dein heimlich Lied voll Leide
Zum Strom von Wehmut mit hinab.

Es steht ein Berg in Feuer

Fahrt durchs Jahr

ENTSCHLUSS

Noch schien der Lenz nicht gekommen,
Es lag noch so stumm die Welt,
Da hab den Stab ich genommen,
Zu pilgern ins weite Feld.

Und will auch kein' Lerch' sich schwingen,
Du breite die Flügel, mein Herz,
Laß hell und fröhlich uns singen
Zum Himmel aus allem Schmerz!

Da schauen im Tale erschrocken
Die Wandrer rings in die Luft,
Mein Liebchen schüttelt die Locken,
Sie weiß es wohl, wer sie ruft.

Und wie sie noch stehn und lauschen,
Da blitzt es schon fern und nah,
All' Wälder und Quellen rauschen,
Und Frühling ist wieder da!

DIE SPERLINGE

Altes Haus mit deinen Löchern,
Geiz'ger Bauer, nun ade!
Sonne scheint, von allen Dächern
Tröpfelt lustig schon der Schnee,
Draußen auf dem Zaune munter
Wetzen unsre Schnäbel wir,
Durch die Hecken rauf und runter,
In dem Baume vor der Tür
Tummeln wir in hellen Haufen
Uns mit großem Kriegsgeschrei,
Um die Liebste uns zu raufen,
Denn der Winter ist vorbei!

Spatzen schrein und Nachtigallen,
Nelke glüht und Distel sticht,
Rose schön durch Nesseln bricht,
Besser noch hat mir gefallen
Liebchens spielendes Augenlicht;
Aber fehlte auch nur *eins* von allen,
's wär eben der närrische Frühling nicht.

FRÜHLINGSGRUSS

Es steht ein Berg in Feuer,
In feurigem Morgenbrand,
Und auf des Berges Spitze
Ein Tannbaum überm Land.

Und auf dem höchsten Wipfel
Steh ich und schau vom Baum,
O Welt, du schöne Welt, du,
Man sieht dich vor Blüten kaum!

Übern Garten durch die Lüfte
Hört ich Wandervögel ziehn,
Das bedeutet Frühlingsdüfte,
Unten fängt's schon an zu blühn.

Jauchzen möcht ich, möchte weinen,
Ist mir's doch, als könnt's nicht sein!
Alte Wunder wieder scheinen
Mit dem Mondesglanz herein.

Und der Mond, die Sterne sagen's,
Und in Träumen rauscht's der Hain,
Und die Nachtigallen schlagen's:
Sie ist Deine, sie ist dein!

Der Herbstwind schüttelt die Linde,
Wie geht die Welt so geschwinde!
Halte dein Kindlein warm.
Der Sommer ist hingefahren,
Da wir zusammen waren –
Ach, die sich lieben, wie arm!

Wie arm, die sich lieben und scheiden!
Das haben erfahren wir beiden,
Mir graut vor dem stillen Haus.
Dein Tüchlein noch läßt du wehen,
Ich kann's vor Tränen kaum sehen,
Schau still in die Gasse hinaus.

Die Gassen schauen noch nächtig,
Es rasselt der Wagen bedächtig –
Nun plötzlich rascher der Trott
Durchs Tor in die Stille der Felder,
Da grüßen so mutig die Wälder,
Lieb Töchterlein, fahre mit Gott!

Im Herbst

Der Wald wird falb, die Blätter fallen,
Wie öd und still der Raum!
Die Bächlein nur gehn durch die Buchenhallen,
Lind rauschend wie im Traum,
Und Abendglocken schallen
Fern von des Waldes Saum.

Was wollt ihr mich so wild verlocken
In dieser Einsamkeit?
Wie in der Heimat klingen diese Glocken
Aus stiller Kinderzeit –
Ich wende mich erschrocken,
Ach, was mich liebt, ist weit!

So brecht hervor nur, alte Lieder,
Und brecht das Herz mir ab!
Noch einmal grüß ich aus der Ferne wieder,
Was ich nur Liebes hab,
Mich aber zieht es nieder
Vor Wehmut wie ins Grab.

2

O Herbst, in linden Tagen
Wie hast du rings dein Reich
Phantastisch aufgeschlagen,
So bunt und doch so bleich!

Wie öde, ohne Brüder,
Mein Tal so weit und breit,
Ich kenne dich kaum wieder
In dieser Einsamkeit.

So wunderbare Weise
Singt nun dein bleicher Mund,
Es ist, als öffnet' leise
Sich unter mir der Grund.

Und ich ruht' überwoben,
Du sängest immerzu,
Die Linde schüttelt' oben
Ihr Laub und deckt' mich zu.

Ade, ihr Felsenhallen,
Du schönes Waldrevier,
Die falben Blätter fallen,
Wir ziehen weit von hier.

Träumt fort im stillen Grunde!
Die Berg' stehn auf der Wacht,
Die Sterne machen Runde
Die lange Winternacht.

Und ob sie all verglommen,
Die Täler und die Höhn –
Lenz muß doch wiederkommen
Und alles auferstehn!

WEIHNACHTEN

Markt und Straßen stehn verlassen,
Still erleuchtet jedes Haus,
Sinnend geh ich durch die Gassen,
Alles sieht so festlich aus.

An den Fenstern haben Frauen
Buntes Spielzeug fromm geschmückt,
Tausend Kindlein stehn und schauen,
Sind so wunderstill beglückt.

Und ich wandre aus den Mauern
Bis hinaus ins freie Feld,
Hehres Glänzen, heil'ges Schauern!
Wie so weit und still die Welt!

Sterne hoch die Kreise schlingen,
Aus des Schnees Einsamkeit
Steigt's wie wunderbares Singen –
O du gnadenreiche Zeit!

WINTERNACHT

Verschneit liegt rings die ganze Welt,
Ich hab nichts, was mich freuet,
Verlassen steht der Baum im Feld,
Hat längst sein Laub verstreuet.

Der Wind nur geht bei stiller Nacht
Und rüttelt an dem Baume,
Da rührt er seinen Wipfel sacht
Und redet wie im Traume.

Er träumt von künft'ger Frühlingszeit,
Von Grün und Quellenrauschen,
Wo er im neuen Blütenkleid
Zu Gottes Lob wird rauschen.

DER HIMMEL MACHT DIE RUNDE

Abend, Nacht und Morgengrauen

Der Hirt bläst seine Weise,
Von fern ein Schuß noch fällt,
Die Wälder rauschen leise
Und Ströme tief im Feld.

Nur hinter jenem Hügel
Noch spielt der Abendschein –
O hätt ich, hätt ich Flügel,
Zu fliegen da hinein!

Der Abend

Schweigt der Menschen laute Lust:
Rauscht die Erde wie in Träumen
Wunderbar mit allen Bäumen,
Was dem Herzen kaum bewußt,
Alte Zeiten, linde Trauer,
Und es schweifen leise Schauer
Wetterleuchtend durch die Brust.

ZWIELICHT

Dämmrung will die Flügel spreiten,
Schaurig rühren sich die Bäume,
Wolken ziehn wie schwere Träume –
Was will dieses Graun bedeuten?

Hast ein Reh du lieb vor andern,
Laß es nicht alleine grasen,
Jäger ziehn im Wald und blasen,
Stimmen hin und wieder wandern.

Hast du einen Freund hienieden,
Trau ihm nicht zu dieser Stunde,
Freundlich wohl mit Aug' und Munde,
Sinnt er Krieg im tück'schen Frieden.

Was heut müde gehet unter,
Hebt sich morgen neugeboren.
Manches bleibt in Nacht verloren –
Hüte dich, bleib wach und munter!

NACHTS

Ich stehe in Waldesschatten
Wie an des Lebens Rand,
Die Länder wie dämmernde Matten,
Der Strom wie ein silbern Band.

Von fern nur schlagen die Glocken
Über die Wälder herein,
Ein Reh hebt den Kopf erschrocken
Und schlummert gleich wieder ein.

Der Wald aber rühret die Wipfel
Im Traum von der Felsenwand.
Denn der Herr geht über die Gipfel
Und segnet das stille Land.

MONDNACHT

Es war, als hätt der Himmel
Die Erde still geküßt,
Daß sie im Blütenschimmer
Von ihm nun träumen müßt.

Die Luft ging durch die Felder,
Die Ähren wogten sacht,
Es rauschten leis die Wälder,
So sternklar war die Nacht.

Und meine Seele spannte
Weit ihre Flügel aus,
Flog durch die stillen Lande,
Als flöge sie nach Haus.

SEHNSUCHT

Es schienen so golden die Sterne,
Am Fenster ich einsam stand
Und hörte aus weiter Ferne
Ein Posthorn im stillen Land.
Das Herz mir im Leib entbrennte,
Da hab ich mir heimlich gedacht:
Ach, wer da mitreisen könnte
In der prächtigen Sommernacht!

Zwei junge Gesellen gingen
Vorüber am Bergeshang,
Ich hörte im Wandern sie singen
Die stille Gegend entlang:
Von schwindelnden Felsenschlüften,
Wo die Wälder rauschen so sacht,
Von Quellen, die von den Klüften
Sich stürzen in die Waldesnacht.

Sie sangen von Marmorbildern,
Von Gärten, die überm Gestein
In dämmernden Lauben verwildern,
Palästen im Mondenschein,
Wo die Mädchen am Fenster lauschen,
Wann der Lauten Klang erwacht
Und die Brunnen verschlafen rauschen
In der prächtigen Sommernacht. –

Windsgleich kommt der wilde Krieg geritten,
Durch das Grün der Tod ihm nachgeschritten,
Manch Gespenst steht sinnend auf dem Feld,
Und der Sommer schüttelt sich vor Grausen,
Läßt die Blätter, schließt die grünen Klausen,
Ab sich wendend von der blut'gen Welt.

Prächtig war die Nacht nun aufgegangen,
Hatte alle mütterlich umfangen,
Freund und Feind mit leisem Friedenskuß,
Und, als wollt der Herr vom Himmel steigen,
Hört ich wieder durch das tiefe Schweigen
Rings der Wälder feierlichen Gruß.

Es rauschen die Wipfel und schauern,
Als machten zu dieser Stund'
Um die halbversunkenen Mauern
Die alten Götter die Rund'.

Hier hinter den Myrtenbäumen
In heimlich dämmernder Pracht,
Was sprichst du wirr wie in Träumen
Zu mir, phantastische Nacht?

Es funkeln auf mich alle Sterne
Mit glühendem Liebesblick,
Es redet trunken die Ferne
Wie von künftigem, großem Glück!

DIE NACHT

Wie schön, hier zu verträumen
Die Nacht im stillen Wald,
Wenn in den dunklen Bäumen
Das alte Märchen hallt.

Die Berg' im Mondesschimmer
Wie in Gedanken stehn,
Und durch verworrne Trümmer
Die Quellen klagend gehn.

Denn müd ging auf den Matten
Die Schönheit nun zur Ruh',
Es deckt mit kühlen Schatten
Die Nacht das Liebchen zu.

Das ist das irre Klagen
In stiller Waldespracht,
Die Nachtigallen schlagen
Von ihr die ganze Nacht.

Die Stern' gehn auf und nieder –
Wann kommst du, Morgenwind,
Und hebst die Schatten wieder
Von dem verträumten Kind?

Schon rührt sich's in den Bäumen,
Die Lerche weckt sie bald –
So will ich treu verträumen
Die Nacht im stillen Wald.

DIE NACHTIGALLEN

Möcht wissen, was sie schlagen
So schön bei der Nacht,
's ist in der Welt ja doch niemand,
Der mit ihnen wacht.

Und die Wolken, die reisen,
Und das Land ist so blaß,
Und die Nacht wandert leise
Durch den Wald übers Gras.

Nacht, Wolken, wohin sie gehen,
Ich weiß es recht gut,
Liegt ein Grund hinter den Höhen,
Wo meine Liebste jetzt ruht.

Zieht der Einsiedel sein Glöcklein,
Sie höret es nicht,
Es fallen ihr die Löcklein
Übers ganze Gesicht.

Und daß sie niemand erschrecket,
Der liebe Gott hat sie hier
Ganz mit Mondschein bedecket,
Da träumt sie von mir.

Der stille Freier

Mond, der Hirt, lenkt seine Herde
Einsam übern Wald herauf,
Unten auf der stillen Erde
Wacht verschwiegne Liebe auf.

Fern vom Schlosse Glocken schlagen,
Übern Wald her von der Höh'
Bringt der Wind den Schall getragen,
Und erschrocken lauscht das Reh.

Nächtlich um dieselbe Stunde
Hallet Hufschlag, schnaubt ein Roß,
Macht ein Ritter seine Runde
Schweigend um der Liebsten Schloß.

Wenn die Morgensterne blinken,
Totenbleich der Hirte wird,
Und sie müssen all versinken:
Reiter, Herde und der Hirt.

NACHTLIED

Vergangen ist der lichte Tag,
Von ferne kommt der Glocken Schlag;
So reist die Zeit die ganze Nacht,
Nimmt manchen mit, der's nicht gedacht.

Wo ist nun hin die bunte Lust,
Des Freundes Trost und treue Brust,
Des Weibes süßer Augenschein?
Will keiner mit mir munter sein?

Da's nun so stille auf der Welt,
Ziehn Wolken einsam übers Feld,
Und Feld und Baum besprechen sich, –
O Menschenkind! was schauert dich?

Wie weit die falsche Welt auch sei,
Bleibt mir doch Einer nur getreu,
Der mit mir weint, der mit mir wacht,
Wenn ich nur recht an ihn gedacht.

Frisch auf denn, liebe Nachtigall,
Du Wasserfall mit hellem Schall!
Gott loben wollen wir vereint,
Bis daß der lichte Morgen scheint!

FRÜHE

Im Osten graut's, der Nebel fällt,
Wer weiß, wie bald sich's rühret!
Doch schwer im Schlaf noch ruht die Welt,
Von allem nichts verspüret.

Nur eine frühe Lerche steigt,
Es hat ihr was geträumet
Vom Lichte, wenn noch alles schweigt,
Das kaum die Höhen säumet.

ABSCHIED

O Täler weit, o Höhen,
O schöner, grüner Wald,
Du meiner Lust und Wehen
Andächt'ger Aufenthalt!
Da draußen, stets betrogen,
Saust die geschäft'ge Welt,
Schlag noch einmal die Bogen
Um mich, du grünes Zelt!

Wenn es beginnt zu tagen,
Die Erde dampft und blinkt,
Die Vögel lustig schlagen,
Daß dir dein Herz erklingt:
Da mag vergehn, verwehen
Das trübe Erdenleid,
Da sollst du auferstehen
In junger Herrlichkeit!

Da steht im Wald geschrieben
Ein stilles, ernstes Wort
Von rechtem Tun und Lieben,
Und was des Menschen Hort.
Ich habe treu gelesen
Die Worte, schlicht und wahr,
Und durch mein ganzes Wesen
Ward's unaussprechlich klar.

Bald werd ich dich verlassen,
Fremd in der Fremde gehn,
Auf buntbewegten Gassen
Des Lebens Schauspiel sehn;

Und mitten in dem Leben
Wird deines Ernsts Gewalt
Mich Einsamen erheben,
So wird mein Herz nicht alt.

DER MORGEN

Fliegt der erste Morgenstrahl
Durch das stille Nebeltal,
Rauscht erwachend Wald und Hügel:
Wer da fliegen kann, nimmt Flügel!

Und sein Hütlein in die Luft
Wirft der Mensch vor Lust und ruft:
»Hat Gesang doch auch noch Schwingen,
Nun, so will ich fröhlich singen!«

Hinaus, o Mensch, weit in die Welt,
Bangt dir das Herz in krankem Mut;
Nichts ist so trüb in Nacht gestellt,
Der Morgen leicht macht's wieder gut.

Stand ein Mädchen an dem Fenster,
Da es draußen Morgen war,
Kämmte sich die langen Haare,
Wusch sich ihre Äuglein klar.

Sangen Vöglein aller Arten,
Sonnenschein spielt' vor dem Haus,
Draußen überm schönen Garten
Flogen Wolken weit hinaus.

Und sie dehnt' sich in den Morgen,
Als ob sie noch schläfrig sei,
Ach, sie war so voller Sorgen,
Flocht ihr Haar und sang dabei:

»Wie ein Vöglein hell und reine,
Ziehet draußen muntre Lieb',
Lockt hinaus zum Sonnenscheine,
Ach, wer da zu Hause blieb'!«

Die Zeit tritt auf so leis und fein

Intermezzo des Sängers

Ich wollt im Walde dichten
Ein Heldenlied voll Pracht,
Verwickelte Geschichten,
Recht sinnreich ausgedacht.
Da rauschten Bäume, sprangen
Vom Fels die Bäche drein,
Und tausend Stimmen klangen
Verwirrend aus und ein.
Und manches Jauchzen schallen
Ließ ich aus frischer Brust,
Doch aus den Helden allen
Ward nichts vor tiefer Lust.

Kehr ich zur Stadt erst wieder
Aus Feld und Wäldern kühl,
Da kommen all die Lieder
Von fern durchs Weltgewühl,
Es hallen Lust und Schmerzen
Noch einmal leise nach,
Und bildend wird im Herzen
Die alte Wehmut wach,
Der Winter auch derweile
Im Feld die Blumen bricht –
Dann gibt's vor Langerweile
Ein überlang Gedicht!

DER UNVERBESSERLICHE

Ihr habt den Vogel gefangen,
Der war so frank und frei,
Nun ist ihm 's Fliegen vergangen,
Der Sommer ist lange vorbei.

Es liegen wohl Federn neben
Und unter und über mir,
Sie können mich alle nicht heben
Aus diesem Meer von Papier.

Papier! wie hör ich dich schreien,
Da alles die Federn schwenkt
In langen, emsigen Reihen –
So wird der Staat nun gelenkt.

Mein Fenster am Pulte steht offen,
Der Sonnenschein schweift übers Dach,
Da wird so uraltes Hoffen
Und Wünschen im Herzen wach.

Die lustigen Kameraden,
Lerchen, Quellen und Wald,
Sie rauschen schon wieder und laden:
Geselle, kommst du nicht bald?

Und wie ich durch die Gardinen
Hinaussah in keckem Mut,
Da hört ich lachen im Grünen,
Ich kannte das Stimmlein recht gut.

Und wie ich hinaustrat zur Schwelle,
Da blühten die Bäume schon all,
Und Liebchen, so frühlingshelle,
Saß drunter beim Vogelschall.

Und eh wir uns beide besannen,
Da wiehert' das Flügelroß –
Wir flogen selbander von dannen,
Daß es unten die Schreiber verdroß.

TROST

Es haben viel Dichter gesungen
Im schönen deutschen Land,
Nun sind ihre Lieder verklungen,
Die Sänger ruhen im Sand.

Aber solange noch kreisen
Die Stern' um die Erde rund,
Tun Herzen in neuen Weisen
Die alte Schönheit kund.

Im Walde da liegt verfallen
Der alten Helden Haus,
Doch aus den Toren und Hallen
Bricht jährlich der Frühling aus.

Und wo immer müde Fechter
Sinken im mutigen Strauß,
Es kommen frische Geschlechter
Und fechten es ehrlich aus.

Es fällt nichts vor, mir fällt nichts ein,
Ich glaub, die Welt steht still,
Die Zeit tritt auf so leis und fein,
Man weiß nicht, was sie will.

Auf einmal rührt sich's dort und hier –
Was das bedeuten mag?
Es ist, als hört'st du über dir
Einen frischen Flügelschlag.

Rasch steigen dunkle Wetter auf,
Schon blitzt's und rauscht die Rund',
Der lust'ge Sturmwind fliegt vorauf –
Da atm' ich aus Herzensgrund.

DURCH!

Ein Adler saß am Felsenbogen,
Den lockt' der Sturm weit übers Meer,
Da hatt er droben sich verflogen,
Er fand sein Felsennest nicht mehr,
Tief unten sah er kaum noch liegen
Verdämmernd Wald und Land und Meer,
Mußt höher, immer höher fliegen,
Ob nicht der Himmel offen wär.

INTERMEZZO
Blonder Ritter

Blonder Ritter, blonder Ritter,
Deine Blicke, weltschmerzdunkel,
Statt durch Helmes Eisengitter,
Durch die Brille gläsern funkeln.

Hinterm Ohre, statt vom Leder,
Zornig mit verwegner Finte
Ziehst du statt des Schwerts die Feder,
Und statt Blutes fließet Tinte.

Federspritzeln, Ehr' beklecken,
Ungeheueres Geschnatter!
Wilde Recken, wilde Recken,
Trampelt nicht die Welt noch platter.

LIEDESMUT

Was Lorbeerkranz und Lobestand!
Es duftet still die Frühlingsnacht
Und rauscht der Wald vom Felsenrand,
Ob's jemand hört, ob niemand wacht.

Es schläft noch alles Menschenkind,
Da pfeift sein lust'ges Wanderlied
Schon übers Feld der Morgenwind
Und fragt nicht erst, wer mit ihm zieht.

Und ob ihr all zu Hause saßt,
Der Frühling blüht doch, weil er muß,
Und ob ihr's lest oder bleibenlaßt,
Ich singe doch aus frischer Brust.

»Sei antik doch, sei teutonisch,
Lern, skandiere unverdrossen,
Freundchen, aber nur ironisch!
Und vor allem laß die Possen,
Die man sonst genannt: romantisch.« –
Also hört man's ringsher schallen;
Aber mich bedünkt: pedantisch
Sei das Schlimmste doch von allen.

Wem der Herr den Kranz gewunden,
Wird nach alledem nicht fragen,
Sondern muß, wie er's befunden,
Auf die eigne Weise sagen,
Stets aufs neu mit freud'gem Schrecken,
Ist sie auch die alte blieben,
Sich die schöne Welt entdecken,
Ewig jung ist, was wir lieben!

Oft durch des Theaters Ritzen
Bricht's mit wunderbarem Lichte,
Wenn der Herr in feur'gen Blitzen
Dichtend schreibt die Weltgeschichte,
Und das ist der Klang der Wehmut,
Der durch alle Dichtergeister
Schauernd geht, wenn sie in Demut
Über sich erkannt den Meister.

Aktenstöße nachts verschlingen,
Schwatzen nach der Welt Gebrauch
Und das große Tretrad schwingen
Wie ein Ochs, das kann ich auch.

Aber glauben, daß der Plunder
Eben nicht der Plunder wär,
Sondern ein hochwichtig Wunder,
Das gelang mir nimmermehr.

Aber andre überwitzen,
Daß ich mit dem Federkiel
Könnt den morschen Weltbau stützen,
Schien mir immer Narrenspiel.

Und so, weil ich in dem Drehen
Dasteh oft wie ein Pasquill,
Läßt die Welt mich eben stehen –
Mag sie's halten, wie sie will!

Du bist die Hexe Lorelei

Geschichten von gestern und nie

Mich brennt's an meinen Reiseschuhn,
Fort mit der Zeit zu schreiten –
Was wollen wir agieren nun
Vor so viel klugen Leuten?

Es hebt das Dach sich von dem Haus,
Und die Kulissen rühren
Und strecken sich zum Himmel raus,
Strom, Wälder musizieren!

Und aus den Wolken langt es sacht,
Stellt alles durcheinander,
Wie sich's kein Autor hat gedacht:
Volk, Fürsten und Dryander.

Da gehn die einen müde fort,
Die andern nahn behende,
Das alte Stück, man spielt's so fort
Und kriegt es nie zu Ende.

Und keiner kennt den letzten Akt
Von allen, die da spielen,
Nur der da droben schlägt den Takt,
Weiß, wo das hin will zielen.

Er reitet nachts auf einem braunen Roß,
Er reitet vorüber an manchem Schloß:
Schlaf droben, mein Kind, bis der Tag erscheint,
Die finstre Nacht ist des Menschen Feind!

Er reitet vorüber an einem Teich,
Da stehet ein schönes Mädchen bleich
Und singt, ihr Hemdlein flattert im Wind,
Vorüber, vorüber, mir graut vor dem Kind!

Er reitet vorüber an einem Fluß,
Da ruft ihm der Wassermann seinen Gruß,
Taucht wieder unter dann mit Gesaus,
Und stille wird's über dem kühlen Haus.

Wenn Tag und Nacht in verworrenem Streit,
Schon Hähne krähen in Dörfern weit,
Da schauert sein Roß und wühlet hinab,
Scharret ihm schnaubend sein eigenes Grab.

Der Hochzeitstanz

Wie so zierlich in dem Saale
Führt die Braut den Hochzeitsreih'n,
Wie so mutig schaut Graf Martin
In die freud'gen Klänge drein!

Und sie im Vorüberschweifen
Flüstert: »Graf, was sinnet Ihr?
Sagt mir, schaut Ihr nach dem Tanze
Oder blicket Ihr nach mir?«

»Hab schon manchen Tanz gesehen,
Und das war's nicht, was ich sann,
Eure Schönheit mich verblendet,
Eure Augen tun mir's an.«

»Wenn so schöne meine Augen,
Führt mich hier vom Tanze heim,
Alt und grau schon ist mein Bräut'gam
Und er holt uns nimmer ein.«

DER GÄRTNER

Wohin ich geh und schaue,
In Feld und Wald und Tal,
Vom Berg hinab in die Aue:
Vielschöne, hohe Fraue,
Grüß ich dich tausendmal.

In meinem Garten find ich
Viel Blumen, schön und fein,
Viel Kränze wohl draus wind ich
Und tausend Gedanken bind ich
Und Grüße mit darein.

Ihr darf ich keinen reichen,
Sie ist zu hoch und schön,
Die müssen alle verbleichen,
Die Liebe nur ohnegleichen
Bleibt ewig im Herzen stehn.

Ich schein wohl froher Dinge
Und schaffe auf und ab,
Und, ob das Herz zerspringe,
Ich grabe fort und singe
Und grab mir bald mein Grab.

Im Walde

Es zog eine Hochzeit den Berg entlang,
Ich hörte die Vögel schlagen,
Da blitzten viel Reiter, das Waldhorn klang,
Das war ein lustiges Jagen!

Und eh ich's gedacht, war alles verhallt,
Die Nacht bedecket die Runde,
Nur von den Bergen noch rauschet der Wald,
Und mich schauert im Herzensgrunde.

DER KÄMPE

Nach drei Jahren kam gefahren
Einsam auf dem Rhein ein Schiff,
Drin gebunden und voll Wunden
Lag ein Rittersmann und rief:

»Still den Garten schön tust warten,
Bleibst am Fenster ofte stehn,
Ruhig scheinst du, heimlich weinst du,
Wie die Schiffe unten gehn.

Was vertraust du, warum baust du
Auf der Männer wilde Brust,
Die das Blut ziert und der Streit rührt
Und die schöne Todeslust!«

Oben spinnend, saß sie sinnend –
Schwanden Schiff und Tageslicht,
Was er sunge, war verklungen,
Sie erkannt den Liebsten nicht.

Eingeschlafen auf der Lauer
Oben ist der alte Ritter;
Drüber gehen Regenschauer,
Und der Wald rauscht durch das Gitter.

Eingewachsen Bart und Haare
Und versteinert Brust und Krause,
Sitzt er viele hundert Jahre
Oben in der stillen Klause.

Draußen ist es still und friedlich,
Alle sind ins Tal gezogen,
Waldesvögel einsam singen
In den leeren Fensterbogen.

Eine Hochzeit fährt da unten
Auf dem Rhein im Sonnenscheine,
Musikanten spielen munter,
Und die schöne Braut, die weinet.

DER RIESE

Es saß ein Mann gefangen
Auf einem hohen Turm,
Die Wetterfähnlein klangen
Gar seltsam in den Sturm.

Und draußen hört' er ringen
Verworrner Ströme Gang,
Dazwischen Vöglein singen
Und heller Waffen Klang.

Ein Liedlein scholl gar lustig:
Heisa, solang Gott will!
Und wilder Menge Tosen;
Dann wieder totenstill.

So tausend Stimmen irren,
Wie Wind' im Meere gehn,
Sich teilen und verwirren,
Er konnte nichts verstehn.

Doch spürt' er, wer ihn grüße,
Mit Schaudern und mit Lust,
Es rührt' ihm wie ein Riese
Das Leben an die Brust.

Der irre Spielmann

Aus stiller Kindheit unschuldiger Hut
Trieb mich der tolle, frevelnde Mut.
Seit ich da draußen so frei nun bin,
Find ich nicht wieder nach Hause mich hin.

Durchs Leben jag ich manch trüg'risch Bild,
Wer ist der Jäger da? Wer ist das Wild?
Es pfeift der Wind mir schneidend durchs Haar,
Ach Welt, wie bist du so kalt und klar!

Du frommes Kindlein im stillen Haus,
Schau nicht so lüstern zum Fenster hinaus!
Frag mich nicht, Kindlein, woher und wohin?
Weiß ich doch selber nicht, wo ich bin!

Von Sünde und Reue zerrissen die Brust,
Wie rasend in verzweifelter Lust,
Brech ich im Fluge mir Blumen zum Strauß,
Wird doch kein fröhlicher Kranz daraus! –

Ich möcht in den tiefsten Wald wohl hinein,
Recht aus der Brust den Jammer zu schrein,
Ich möchte reiten ans Ende der Welt,
Wo der Mond und die Sonne hinunterfällt.

Wo schwindelnd beginnt die Ewigkeit,
Wie ein Meer, so erschrecklich still und weit,
Da sinken all' Ström' und Segel hinein,
Da wird es wohl endlich auch ruhig sein.

DIE ZIGEUNERIN

Am Kreuzweg, da lausche ich, wenn die Stern'
Und die Feuer im Walde verglommen,
Und wo der erste Hund bellt von fern,
Da wird mein Bräut'gam herkommen.

»Und als der Tag graut', durch das Gehölz
Sah ich eine Katze sich schlingen,
Ich schoß ihr auf den nußbraunen Pelz,
Wie tat die weit über springen!« –

's ist schad nur ums Pelzlein, du kriegst mich nit!
Mein Schatz muß sein wie die andern:
Braun und ein Stutzbart auf ungrischen Schnitt
Und ein fröhliches Herze zum Wandern.

Der Mondenschein verwirret
Die Täler weit und breit,
Die Bächlein, wie verirret,
Gehn durch die Einsamkeit.

Da drüben sah ich stehen
Den Wald auf steiler Höh',
Die finstern Tannen sehen
In einen tiefen See.

Ein Kahn wohl sah ich ragen,
Doch niemand, der es lenkt',
Das Ruder war zerschlagen,
Das Schifflein halb versenkt.

Eine Nixe auf dem Steine
Flocht dort ihr goldnes Haar,
Sie meint', sie wär alleine,
Und sang so wunderbar.

Sie sang und sang, in den Bäumen
Und Quellen rauscht' es sacht,
Und flüsterte wie in Träumen
Die mondbeglänzte Nacht.

Ich aber stand erschrocken,
Denn über Wald und Kluft
Klangen die Morgenglocken
Schon ferne durch die Luft.

Und hätt ich nicht vernommen
Den Klang zu guter Stund',
Wär nimmermehr gekommen
Aus diesem stillen Grund.

WALDGESPRÄCH

Es ist schon spät, es wird schon kalt,
Was reit'st du einsam durch den Wald?
Der Wald ist lang, du bist allein,
Du schöne Braut! Ich führ dich heim!

»Groß ist der Männer Trug und List,
Vor Schmerz mein Herz gebrochen ist,
Wohl irrt das Waldhorn her und hin,
O flieh! Du weißt nicht, wer ich bin.«

So reich geschmückt ist Roß und Weib,
So wunderschön der junge Leib,
Jetzt kenn ich dich – Gott steh mir bei!
Du bist die Hexe Lorelei.

»Du kennst mich wohl – von hohem Stein
Schaut still mein Schloß tief in den Rhein.
Es ist schon spät, es wird schon kalt,
Kommst nimmermehr aus diesem Wald!«

Fraue, in den blauen Tagen
Hast ein Netz du ausgehangen,
Zart gewebt aus seidnen Haaren,
Süßen Worten, weißen Armen.

Und die blauen Augen sprachen,
Da ich waldwärts wollte jagen:
»Zieh mir, Schöner, nicht von dannen!«
Ach, da war ich dein Gefangner!

Hörst du nun den Frühling laden? –
Jägers Waldhorn geht im Walde,
Lockend grüßen bunte Flaggen,
Nach dem Sänger alle fragen.

Ach, von euch, ihr Frühlingsfahnen,
Kann ich, wie von dir, nicht lassen!
Reisen in den blauen Tagen
Muß der Sänger mit dem Klange.

Flügel hat, den du gefangen –
Alle Schlingen müssen lassen,
Und er wird dir weggetragen,
Wenn die ersten Lerchen sangen.

Liebst du, treu dem alten Sange
Wie dem Sänger, mich wahrhaftig:
Laß dein Schloß, den schönen Garten,
Führ dich heim in Waldesprachten!

Auf dem Zelter sollst du prangen,
Um die schönen Glieder schlanke
Seide, himmelblau, gespannet,
Als ein süßgeschmückter Knabe.

Und der Jäger sieht uns fahren,
Und er läßt das Wild, das Jagen,
Will nun ewig mit uns wandern
Mit dem frischen Hörnerklange.

Wer von uns verführt den andern,
Ob es deine Augen taten,
Meine Laut', des Jägers Blasen? –
Ach, wir können's nicht erraten;

Aber um uns drei zusammen
Wird der Lenz im grünen Walde
Wohl ein Zaubernetze schlagen,
Dem noch keiner je entgangen.

DER KÜHNE

Und wo noch kein Wandrer gegangen,
Hoch über Jäger und Roß
Die Felsen im Abendrot hangen
Als wie ein Wolkenschloß.

Dort zwischen den Zinnen und Spitzen,
Von wilden Nelken umblüht,
Die schönen Waldfrauen sitzen
Und singen im Wind ihr Lied.

Der Jäger schaut nach dem Schlosse:
Die droben, das ist mein Lieb! –
Er sprang vom scheuenden Rosse,
Weiß keiner, wo er blieb.

Es ist von Klang und Düften
Ein wunderbarer Ort,
Umrankt von stillen Klüften,
Wir alle spielten dort.

Wir alle sind verirret,
Seitdem so weit hinaus
Unkraut die Welt verwirret,
Find't keiner mehr nach Haus.

Doch manchmal taucht's aus Träumen,
Als läg es weit im Meer,
Und früh noch in den Bäumen
Rauscht's wie ein Grüßen her.

Ich hört den Gruß verfliegen,
Ich folgt ihm über Land
Und hatte mich verstiegen
Auf hoher Felsenwand.

Mein Herz ward mir so munter,
Weit hinten alle Not,
Als ginge jenseits unter
Die Welt in Morgenrot.

Der Wind spielt' in den Locken,
Da blitzt' es drunten weit,
Und ich erkannt erschrocken
Die alte Einsamkeit.

Nun jeden Morgenschimmer
Steig ich ins Blütenmeer,
Bis ich Glücksel'ger nimmer
Von dorten wiederkehr.

Das ist der alte Baum nicht mehr

nicht mehr

Vom Wandern und Heimkehren

DER FROHE WANDERSMANN

Wem Gott will rechte Gunst erweisen,
Den schickt er in die weite Welt;
Dem will er seine Wunder weisen
In Berg und Wald und Strom und Feld.

Die Trägen, die zu Hause liegen,
Erquicket nicht das Morgenrot,
Sie wissen nur von Kinderwiegen,
Von Sorgen, Last und Not um Brot.

Die Bächlein von den Bergen springen,
Die Lerchen schwirren hoch vor Lust,
Was sollt ich nicht mit ihnen singen
Aus voller Kehl' und frischer Brust?

Den lieben Gott laß ich nur walten;
Der Bächlein, Lerchen, Wald und Feld
Und Erd und Himmel will erhalten,
Hat auch mein' Sach' aufs best' bestellt!

ENTSCHLUSS

Gebannt im stillen Kreise sanfter Hügel,
Schlingt sich ein Strom von ewig gleichen Tagen,
Da mag die Brust nicht nach der Ferne fragen,
Und lächelnd senkt die Sehnsucht ihre Flügel.

Viel andre stehen kühn im Rossesbügel,
Des Lebens höchste Güter zu erjagen,
Und was sie wünschen, müssen sie erst wagen,
Ein strenger Geist regiert des Rosses Zügel. –

Was singt ihr lockend so, ihr stillen Matten,
Du Heimat mit den Regenbogenbrücken,
Ihr heitern Bilder, harmlos bunte Spiele?

Mich faßt der Sturm, wild ringen Licht und Schatten,
Durch Wolkenriß bricht flammendes Entzücken –
Nur zu, mein Roß! Wir finden noch zum Ziele!

ABSCHIED

Abendlich schon rauscht der Wald
Aus den tiefen Gründen,
Droben wird der Herr nun bald
An die Sterne zünden,
Wie so stille in den Schlünden,
Abendlich nur rauscht der Wald.

Alles geht zu seiner Ruh',
Wald und Welt versausen,
Schauernd hört der Wandrer zu,
Sehnt sich recht nach Hause,
Hier in Waldes grüner Klause
Herz, geh endlich auch zur Ruh'!

Heimweh

Wer in die Fremde will wandern,
Der muß mit der Liebsten gehn,
Es jubeln und lassen die andern
Den Fremden alleine stehn.

Was wisset ihr, dunkele Wipfel,
Von der alten, schönen Zeit?
Ach, die Heimat hinter den Gipfeln,
Wie liegt sie von hier so weit!

Am liebsten betracht ich die Sterne,
Die schienen, wie ich ging zu ihr,
Die Nachtigall hör ich so gerne,
Sie sang vor der Liebsten Tür.

Der Morgen, das ist meine Freude!
Da steig ich in stiller Stund'
Auf den höchsten Berg in die Weite,
Grüß dich, Deutschland, aus Herzensgrund!

LOCKUNG

Hörst du nicht die Bäume rauschen
Draußen durch die stille Rund'?
Lockt's dich nicht, hinabzulauschen
Von dem Söller in den Grund,
Wo die vielen Bäche gehen
Wunderbar im Mondenschein
Und die stillen Schlösser sehen
In den Fluß vom hohen Stein?

Kennst du noch die irren Lieder
Aus der alten, schönen Zeit?
Sie erwachen alle wieder
Nachts in Waldeseinsamkeit,
Wenn die Bäume träumend lauschen
Und der Flieder duftet schwül
Und im Fluß die Nixen rauschen –
Komm herab, hier ist's so kühl.

RÜCKKEHR

Wer steht hier draußen? – Macht auf geschwind!
Schon funkelt das Feld wie geschliffen,
Es ist der lustige Morgenwind,
Der kommt durch den Wald gepfiffen.

Ein Wandervöglein, die Wolken und ich,
Wir reisten um die Wette,
Und jedes dacht: nun spute dich,
Wir treffen sie noch im Bette!

Da sind wir nun, jetzt alle heraus,
Die drin noch Küsse tauschen!
Wir brechen sonst mit der Tür ins Haus:
Klang, Duft und Waldesrauschen.

Ich komme aus Italien fern
Und will euch alles berichten,
Vom Berg Vesuv und Romas Stern
Die alten Wundergeschichten.

Da singt eine Fei auf blauem Meer,
Die Myrten trunken lauschen –
Mir aber gefällt doch nichts so sehr,
Als das deutsche Waldesrauschen!

MORGENDÄMMERUNG

Gedenk ich noch der Frühlingsnächte
Vor manchem, manchem Jahr,
Wie wir zusammen im Garten standen
Und unten über den Landen
Alles so still noch war.

Wie wir standen in Gedanken,
Bis eine Morgenglocke erwacht' –
Das ist alles lange vergangen;
Aber die Glocken, die da klangen,
Hör ich noch oft bei Nacht.

DER ALTE GARTEN

Kaiserkron' und Päonien rot,
Die müssen verzaubert sein,
Denn Vater und Mutter sind lange tot,
Was blühn sie hier so allein?

Der Springbrunn plaudert noch immerfort
Von der alten schönen Zeit,
Eine Frau sitzt eingeschlafen dort,
Ihre Locken bedecken ihr Kleid.

Sie hat eine Laute in der Hand,
Als ob sie im Schlafe spricht,
Mir ist, als hätt ich sie sonst gekannt –
Still, geh vorbei und weck sie nicht!

Und wenn es dunkelt das Tal entlang,
Streift sie die Saiten sacht,
Da gibt's einen wunderbaren Klang
Durch den Garten die ganze Nacht.

In der Fremde

Ich hör die Bächlein rauschen
Im Walde her und hin,
Im Walde in dem Rauschen
Ich weiß nicht, wo ich bin.

Die Nachtigallen schlagen
Hier in der Einsamkeit,
Als wollten sie was sagen
Von der alten, schönen Zeit.

Die Mondesschimmer fliegen,
Als säh ich unter mir
Das Schloß im Tale liegen,
Und ist doch so weit von hier!

Als müßte in dem Garten
Voll Rosen weiß und rot,
Meine Liebste auf mich warten,
Und ist doch lange tot.

6
An meinen Bruder

Gedenkst du noch des Gartens
Und Schlosses überm Wald,
Des träumenden Erwartens:
Ob's denn nicht Frühling bald?

Der Spielmann war gekommen,
Der jeden Lenz singt aus,
Er hat uns mitgenommen
Ins blühnde Land hinaus.

Wie sind wir doch im Wandern
Seitdem so weit zerstreut!
Frägt einer nach dem andern,
Doch niemand gibt Bescheid.

Nun steht das Schloß versunken
Im Abendrote tief,
Als ob dort traumestrunken
Der alte Spielmann schlief'.

Gestorben sind die Lieben,
Das ist schon lange her,
Die wen'gen, die geblieben,
Sie kennen uns nicht mehr.

Und fremde Leute gehen
Im Garten vor dem Haus –
Doch übern Garten sehen
Nach *uns* die Wipfel aus.

Doch rauscht der Wald im Grunde
Fort durch die Einsamkeit
Und gibt noch immer Kunde
Von unsrer Jugendzeit.

Bald mächt'ger und bald leise
In jeder guten Stund'
Geht diese Waldesweise
Mir durch der Seele Grund.

Und stamml' ich auch nur bange,
Ich sing es, weil ich muß,
Du hörst doch in dem Klange
Den alten Heimatsgruß.

HEIMWEH
An meinen Bruder

Du weißt's, dort in den Bäumen
Schlummert ein Zauberbann,
Und nachts oft, wie in Träumen,
Fängt der Garten zu singen an.

Nachts durch die stille Runde
Weht's manchmal bis zu mir,
Da ruf ich aus Herzensgrunde,
O Bruderherz, nach dir.

So fremde sind die andern,
Mir graut im fremden Land,
Wir wollen zusammen wandern,
Reich treulich mir die Hand!

Wir wollen zusammen ziehen,
Bis daß wir wandermüd
Auf des Vaters Grabe knien
Bei dem alten Zauberlied.

Das ist der alte Baum nicht mehr,
Der damals hier gestanden,
Auf dem ich gesessen im Blütenmeer
Über den sonnigen Landen.

Das ist der Wald nicht mehr, der sacht
Vom Berge rauschte nieder,
Wenn ich vom Liebchen ritt bei Nacht,
Das Herz voll neuer Lieder.

Das ist nicht mehr das tiefe Tal
Mit den grasenden Rehen,
In das wir nachts vieltausendmal
Zusammen hinausgesehen.

Es ist der Baum noch, Tal und Wald,
Die Welt ist jung geblieben,
Du aber wurdest seitdem alt,
Vorbei ist das schöne Lieben.

In der Fremde

Aus der Heimat hinter den Blitzen rot,
Da kommen die Wolken her,
Aber Vater und Mutter sind lange tot,
Es kennt mich dort keiner mehr.

Wie bald, wie bald kommt die stille Zeit,
Da ruhe ich auch, und über mir
Rauschet die schöne Waldeinsamkeit
Und keiner mehr kennt mich auch hier.

WO ABER WERD ICH SEIN IM KÜNFT'GEN LENZE?

Lauf des Lebens

Die zwei Gesellen

Es zogen zwei rüst'ge Gesellen
Zum erstenmal von Haus,
So jubelnd recht in die hellen,
Klingenden, singenden Wellen
Des vollen Frühlings hinaus.

Die strebten nach hohen Dingen,
Die wollten, trotz Lust und Schmerz,
Was Recht's in der Welt vollbringen,
Und wem sie vorüber gingen,
Dem lachten Sinnen und Herz. –

Der erste, der fand ein Liebchen,
Die Schwieger kauft' Hof und Haus;
Der wiegte gar bald ein Bübchen
Und sah aus heimlichem Stübchen
Behaglich ins Feld hinaus.

Dem zweiten sangen und logen
Die tausend Stimmen im Grund,
Verlockend' Sirenen, und zogen
Ihn in der buhlenden Wogen
Farbig klingenden Schlund.

Und wie er auftaucht' vom Schlunde,
Da war er müde und alt,
Sein Schifflein, das lag im Grunde,
So still war's rings in die Runde,
Und über die Wasser weht's kalt.

Es singen und klingen die Wellen
Des Frühlings wohl über mir;
Und seh ich so kecke Gesellen,
Die Tränen im Auge mir schwellen –
Ach Gott, führ uns liebreich zu Dir!

Bei dem angenehmsten Wetter
Singen alle Vögelein,
Klatscht der Regen auf die Blätter,
Sing ich so für mich allein.

Denn mein Aug' kann nichts entdecken,
Wenn der Blitz auch grausam glüht,
Was im Wandern könnt erschrecken
Ein zufriedenes Gemüt.

Frei von Mammon will ich schreiten
Auf dem Feld der Wissenschaft,
Sinne ernst und nehm zuzeiten
Einen Mund voll Rebensaft.

Bin ich müde vom Studieren,
Wann der Mond tritt sanft herfür,
Pfleg ich dann zu musizieren
Vor der Allerschönsten Tür.

Wunderliche Spießgesellen,
Denkt ihr noch an mich,
Wie wir an der Elbe Wellen
Lagen brüderlich?

Wie wir in des Spreewalds Hallen,
Schauer in der Brust,
Hell die Hörner ließen schallen
So zu Schreck wie Lust?

Mancher mußte da hinunter
Unter den Rasen grün,
Und der Krieg und Frühling munter
Gingen über ihn.

Wo wir ruhen, wo wir wohnen:
Jener Waldeshort
Rauscht mit seinen grünen Kronen
Durch mein Leben fort.

Lieb Vöglein, vor Blüten
Sieht man dich kaum!
Vom dämmernd beglühten
Flüsternden Baum,
Wann von blitzenden Funken
Sprühn Täler und Quell,
Singst du frühlingstrunken –
Aber die Zeit geht schnell.

Wie balde muß lassen
Sein' Blätter der Wald,
Die Blumen erblassen,
Die Gegend wird alt,
Erstarrt ist im Eise
Der muntere Quell –
Rüst die Flügel zur Reise,
Denn die Zeit geht schnell!

Das Ständchen

Auf die Dächer zwischen blassen
Wolken scheint der Mond herfür,
Ein Student dort auf der Gassen
Singt vor seiner Liebsten Tür.

Und die Brunnen rauschen wieder
Durch die stille Einsamkeit
Und der Wald vom Berge nieder,
Wie in alter, schöner Zeit.

So in meinen jungen Tagen
Hab ich manche Sommernacht
Auch die Laute hier geschlagen
Und manch lust'ges Lied erdacht.

Aber von der stillen Schwelle
Trugen sie mein Lieb zur Ruh' –
Und du, fröhlicher Geselle,
Singe, sing nur immerzu!

NACHRUF

Du liebe, treue Laute,
Wie manche Sommernacht,
Bis daß der Morgen graute,
Hab ich mit dir durchwacht!

Die Täler wieder nachten,
Kaum spielt noch Abendrot,
Doch die sonst mit uns wachten,
Die liegen lange tot.

Was wollen wir nun singen
Hier in der Einsamkeit,
Wenn alle von uns gingen,
Die unser Lied erfreut?

Wir wollen dennoch singen!
So still ist's auf der Welt;
Wer weiß, die Lieder dringen
Vielleicht zum Sternenzelt.

Wer weiß, die da gestorben,
Sie hören droben mich
Und öffnen leis die Pforten
Und nehmen uns zu sich.

In Danzig

Dunkle Giebel, hohe Fenster,
Türme tief aus Nebeln sehn,
Bleiche Statuen wie Gespenster
Lautlos an den Türen stehn.

Träumerisch der Mond drauf scheinet,
Dem die Stadt gar wohl gefällt,
Als läg zauberhaft versteinet
Drunten eine Märchenwelt.

Ringsher durch das tiefe Lauschen,
Über alle Häuser weit,
Nur des Meeres fernes Rauschen –
Wunderbare Einsamkeit!

Und der Türmer wie vor Jahren
Singet ein uraltes Lied:
Wolle Gott den Schiffer wahren,
Der bei Nacht vorüberzieht!

Bei Halle

Da steht eine Burg überm Tale
Und schaut in den Strom hinein,
Das ist die fröhliche Saale,
Das ist der Giebichenstein.

Da hab ich so oft gestanden,
Es blühten Täler und Höhn,
Und seitdem in allen Landen
Sah ich nimmer die Welt so schön!

Durchs Grün da Gesänge schallten,
Von Rossen, zu Lust und Streit,
Schauten viel schlanke Gestalten
Gleichwie in der Ritterzeit.

Wir waren die fahrenden Ritter,
Eine Burg war noch jedes Haus,
Es schaute durchs Blumengitter
Manch schönes Fräulein heraus.

Das Fräulein ist alt geworden,
Und unter Philistern umher
Zerstreut ist der Ritterorden,
Kennt keiner den andern mehr.

Auf dem verfallenen Schlosse,
Wie der Burggeist, halb im Traum,
Steh ich jetzt ohne Genossen
Und kenne die Gegend kaum.

Und Lieder und Lust und Schmerzen,
Wie liegen sie nun so weit –
O Jugend, wie tut im Herzen
Mir deine Schönheit so leid.

An meinem Geburtstage

Sonnenglanz lag überm Garten,
Warm und herrlich aufgetan
Lenz und Licht des Reisleins harrten,
Daß es wuchs zum Himmel an.

Wie die Blätter ringsum glühten
In der schönen Morgenzeit!
Alle Zweige voller Blüten,
Vögel sangen weit und breit.

Mittag kam, die Blätter hingen,
In den Wipfeln säuselt's kaum,
Wetter stiegen auf und gingen,
Stumm erwartend stand der Baum.

Jetzo sinkt die Abendröte,
Blüte fällt, es schweigt der Sang,
Und ich rausch wie im Gebete
Mit den Zweigen: Gott sei Dank!

4

Mir träumt', ich ruhte wieder
Vor meines Vaters Haus
Und schaute fröhlich nieder
Ins alte Tal hinaus,
Die Luft mit lindem Spielen
Ging durch das Frühlingslaub,
Und Blütenflocken fielen
Mir über Brust und Haupt.

Als ich erwacht, da schimmert
Der Mond vom Waldesrand,
Im falben Scheine flimmert
Um mich ein fremdes Land,
Und wie ich ringsher sehe:
Die Flocken waren Eis,
Die Gegend war vom Schnee,
Mein Haar vom Alter weiß.

Wo aber werde ich sein im künft'gen Lenze?
So frug ich sonst wohl, wenn beim Hüteschwingen
Ins Tal wir ließen unser Lied erklingen,
Denn jeder Wipfel bot mir frische Kränze.

Ich wußte nur, daß rings der Frühling glänze,
Daß nach dem Meer die Ströme leuchtend gingen,
Vom fernen Wunderland die Vögel singen,
Da hatt das Morgenrot noch keine Grenze.

Jetzt aber wird's schon Abend, alle Lieben
Sind wandermüde längst zurückgeblieben,
Die Nachtluft rauscht durch meine welken Kränze.

Und heimwärts rufen mich die Abendglocken,
Und in der Einsamkeit frag ich erschrocken:
Wo werde ich wohl sein im künft'gen Lenze?

STERBEGLOCKEN

Nun legen sich die Wogen,
Und die Gewitter schwül
Sind all hinabgezogen,
Mir wird das Herz so kühl.

Die Täler alle dunkeln,
Ist denn das Morgenzeit?
Wie schön die Gipfel funkeln,
Und Glocken hör ich weit.

So hell noch niemals klangen
Sie übern Waldessaum –
Wo war ich denn so lange?
Das war ein schwerer Traum.

DER KRANKE

Soll ich dich denn nun verlassen,
Erde, heitres Vaterhaus?
Herzlich Lieben, mutig Hassen,
Ist denn alles, alles aus?

Vor dem Fenster durch die Linden
Spielt es wie ein linder Gruß,
Lüfte, wollt ihr mir verkünden,
Daß ich bald hinunter muß?

Liebe, ferne, blaue Hügel,
Stiller Fluß im Talesgrün,
Ach, wie oft wünscht ich mir Flügel,
Über euch hinwegzuziehn!

Da sich jetzt die Flügel dehnen,
Schaur' ich in mich selbst zurück,
Und ein unbeschreiblich Sehnen
Zieht mich zu der Welt zurück.

Im Abendrot

Wir sind durch Not und Freude
Gegangen Hand in Hand,
Vom Wandern ruhn wir beide
Nun überm stillen Land.

Rings sich die Täler neigen,
Es dunkelt schon die Luft,
Zwei Lerchen nur noch steigen
Nachträumend in den Duft.

Tritt her, und laß sie schwirren,
Bald ist es Schlafenszeit,
Daß wir uns nicht verirren
In dieser Einsamkeit.

O weiter, stiller Friede!
So tief im Abendrot
Wie sind wir wandermüde –
Ist das etwa der Tod?

LETZTE HEIMKEHR

Der Wintermorgen glänzt so klar,
Ein Wandrer kommt von ferne,
Ihn schüttelt Frost, es starrt sein Haar,
Ihm log die schöne Ferne,
Nun endlich will er rasten hier,
Er klopft an seines Vaters Tür.

Doch tot sind, die sonst aufgetan,
Verwandelt Hof und Habe,
Und fremde Leute sehn ihn an,
Als käm er aus dem Grabe;
Ihn schauert tief im Herzensgrund,
Ins Feld eilt er zur selben Stund'.

Da sang kein Vöglein weit und breit,
Er lehnt' an einem Baume,
Der schöne Garten lag verschneit,
Es war ihm wie im Traume,
Und wie die Morgenglocke klingt,
Im stillen Feld er niedersinkt.

Und als er aufsteht vom Gebet,
Nicht weiß, wohin sich wenden,
Ein schöner Jüngling bei ihm steht,
Faßt mild ihn bei den Händen:
»Komm mit, sollst ruhn nach kurzem Gang.« –
Er folgt, ihn rührt der Stimme Klang.

Nun durch die Bergeseinsamkeit
Sie wie zum Himmel steigen,
Kein Glockenklang mehr reicht so weit,

Sie sehn im öden Schweigen
Die Länder hinter sich verblühn,
Schon Sterne durch die Wipfel glühn.

Der Führer jetzt die Fackel sacht
Erhebt und schweigend schreitet,
Bei ihrem Schein die stille Nacht
Gleichwie ein Dom sich weitet,
Wo unsichtbare Hände baun –
Den Wandrer faßt ein heimlich Graun.

Er sprach: »Was bringt der Wind herauf
So fremden Laut getragen,
Als hört ich ferner Ströme Lauf,
Dazwischen Glocken schlagen?« –
»Das ist des Nachtgesanges Wehn,
Sie loben Gott in stillen Höhn.«

Der Wandrer drauf: »Ich kann nicht mehr –
Ist's Morgen, der so blendet?
Was leuchten dort für Länder her?« –
Sein Freund die Fackel wendet:
»Nun ruh zum letzten Male aus,
Wenn du erwachst, sind wir zu Haus.«

ANHANG

> Schläft ein Lied in allen Dingen,
> Die da träumen fort und fort,
> Und die Welt hebt an zu singen,
> Triffst du nur das Zauberwort.

Es hat nicht viele Höhepunkte im 69jährigen Leben Eichendorffs gegeben. Jurastudium in Breslau, Halle, Heidelberg und Wien. In den Freiheitskriegen zwar im legendären Lützowschen Freikorps, aber als einfacher Garnisonssoldat weit hinter der Front. Verlobung, Hochzeit, Geburt des Sohnes, der Tochter. Beruflich Assessor, Regierungsrat, schließlich Geheimer Regierungsrat. An großen Städten außer den erwähnten noch Hamburg, Paris, Danzig und Königsberg kennengelernt.

Sein erster ernst zu nehmender Biograph, Paul Stöcklein, hat angemerkt, daß es zu den Enttäuschungen gehört, »welche die Biographen ihren Lesern bereiten müssen, daß Eichendorff, sieht man von Schul- und Studienjahren und wenigen Bergtouren ab, weder gesungen noch musiziert, noch Wanderungen gemacht, noch überhaupt genußreich abwechslungsvolle Ferienreisen unternommen, dafür aber den *Taugenichts* geschrieben hat«.

Der Jurist im öffentlichen Dienst war offenbar ein unauffällig-unscheinbarer Stillhalter mit reichem Innenleben. Wenig Bewegung im wirklichen Leben, dafür um so mehr Morgenstimmung, Fernweh und Aufbruch in der Phantasie. Gegenläufig die Sehnsucht nach Heimkehr, das Verlangen nach der früh verlorenen Kindheitsheimat auf Schloß Lubowitz, später und immer stärker dann nach der ewigen Heimat christlichen Glaubens.

Den Beamtenpflichten ist Eichendorff ein Leben lang zufriedenstellend nachgekommen, auch wenn er über seinen Stand durchaus eigene Gedanken hatte. Etwas davon verrät der Roman »Dichter und ihre Gesellen«, in dem es heißt: »Keiner hat Zeit zu lesen, zu denken, zu beten. Das nennt man Pflichttreue; als hätte der Mensch nicht auch die höhere Pflicht, sich auf Erden auszumausern und die schäbigen Flügel zu putzen zum letzten, großen Fluge nach dem Himmelreich, das eben auch nicht wie ein Wirtshaus an der breiten Landstraße liegt, sondern treu und ernstlich und mit ganzer, ungeteilter Seele erstürmt sein will. Ja, ich habe schon oft nachgedacht über den Grund dieser zärtlichen Liebe so vieler zum Staatsdienst. Hunger ist es nicht immer, noch seltener Durst nach Nützlichkeit. Ich fürchte, es ist bei den meisten der Reiz der Bequemlichkeit, ohne Ideen und sonderliche Anstrengung gewaltig und mit großem Spektakel zu arbeiten, die Satisfaktion, fast alle Stunden etwas Rundes fertig zu machen, während die Kunst und die Wissenschaften auf Erden niemals fertig werden, ja in alle Ewigkeit kein Ende absehen.«

Eichendorff hat dieses andere, das niemals fertig wird, nicht spielerisch ergriffen. Er ist davon – und wahrscheinlich zu seinem Heil – ergriffen worden. Immer fand er sich in einem klar umrissenen, wohlfundierten Leben aufgehoben, aber Geist und Phantasie gestatteten ihm freies Atmen und weite Sicht. Wie bewußt ihm das war, zeigt sein Gedicht »Die zwei Gesellen«. Auf den ersten Blick schickt sich da einer vorschnell ins häusliche, spießige Glück, und der andere gewinnt das freie, romantische Leben. Aber genauer besehen, wird da nicht eine Haltung gegen die andere ausgespielt, sondern der eine Geselle wegen seines vorschnell reduzierten Lebens bedauert, der andere wegen der Tatsache, es zwar voll ausgespielt zu haben, aber am Ende einsam dazustehen. Zwei Irrwege, die dem Dichter bei jedem Frühling einfallen, der zu neuem Aufbruch lockt und ihn das Gebet um rechte Führung ausstoßen läßt.

Eichendorff führte im Alltag das Leben des einen Gesellen, am Schreibtisch aber konnte er bedenkenlos die Freiheit des anderen wählen und schreiben: »Das Rad an meines Vaters Mühle brauste und rauschte schon wieder recht lustig, der Schnee tröpfelte emsig vom Dache, die Sperlinge zwitscherten und tummelten sich dazwischen; ich saß auf der Türschwelle und wischte mir den Schlaf aus den Augen; mir war so recht wohl in dem warmen Sonnenscheine. Da trat der Vater aus dem Hause; er hatte schon seit Tagesanbruch in der Mühle rumort und die Schlafmütze schief auf dem Kopfe, der sagte zu mir: Du Taugenichts! Da sonnst du dich schon wieder und dehnst und reckst dir die Knochen müde und läßt mich alle Arbeit allein tun. Ich kann dich hier nicht länger füttern. Der Frühling ist vor der Tür, geh auch einmal hinaus in die Welt und erwirb dir selber dein Brot. – Nun, sagte ich, wenn ich ein Taugenichts bin, so ists gut, so will ich in die Welt gehen und mein Glück machen.«

Derart märchenhaft fängt der »Taugenichts« an, seine berühmteste Novelle. Und dann? Wie weiter? Irgendwas mit Wäldern, Gärten, Schlössern und Geheimnissen. Dieses »Irgendwas« und »Irgendwo« aber ist symptomatisch für alle Dichtungen Eichendorffs. Er schreibt nur selten von Danzig, Halle, Harz und Neckar. Seine Welt liegt in einem Koordinatensystem von gestern und nie. Ob das eine Schwäche seiner Dichtung ist, sei dahingestellt. Ganz sicher aber liegt in dieser diffus-frühnebelhaften Vieldeutbarkeit der Bilder und Motive ihre ganz einmalige Stärke.

Es ist gewiß einfach über den Lyriker Eichendorff zu spotten, mit seiner Vorliebe für liedhaft-fließende Rhythmen, die immer wiederkehrenden Begriffe Mondschein, Nacht und Stille, klappernde Mühlräder, rauschende Wälder, klingende Posthörner, die zierlichen Diminutive: »Ringlein«, »Liebchen«, »Kindlein«. Aber er war nicht bloß ein Dichter, dem es – sozusagen traumwandlerisch und wie aus Zufall – durch die Beschwörung des Immergleichen immer auch einmal gelang, das Zauberwort zu treffen. Er war ein Artist, der sich ein poetisches Zeichensystem von hoher Wirksamkeit erarbeitet hatte. Er wußte genau, wann welches Wort am Platze war, wie der Zusammenklang beschaffen sein mußte, damit im Leser weitläufige Assoziationen wachgerufen wurden, und mit welchem Reim, welchem Rhythmus die jeweils erstrebte Stimmung erreicht werden konnte.

Gedichte wie »Sehnsucht«, »Das zerbrochene Ringlein«, »Mondnacht« sind nicht so einfach, wie sie scheinen, wohl aber suggerieren sie Einfachheit, weil nur damit die Magie des schmerzlichen Moments zu treffen war. Was leicht ins Sentimentale hätte abrutschen können (und sich leichter noch sentimental mißverstehen läßt), wird in Wahrheit von Angst und Verzicht durchzittert, von Verwirrung und Verirrung. Das ist kein romantischer Gefühlsüberschwang, sondern moderne, wenn nicht gar zeitlose Zerrissenheit.

»Die Welt hat nun einmal die Unschuld verloren«, heißt es bei Eichendorff. Kein Wunder also, daß er nicht nur Leser anspricht, die auf der legitimen Suche nach ihren persönlichen Herznischen-Gedichten sind, sondern von jeher »die Schwierigen« der deutschen Literatur und Musik, Hofmannsthal, Thomas Mann, Adorno etwa und unter den Komponisten solche wie Pfitzner, Wolf, Korngold, Othmar Schoeck und Aribert Reimann. Adorno war es, der das engagierte Wort prägte: »Eichendorff erkennend vor Freunden und Feinden retten, ist das Gegenteil sturer Apologie.« Und gleich noch ein untypisch beseligtes dazu: »Manche Verse [...] klingen wie Zitate beim ersten Mal, memoriert nach dem Lesebuch Gottes.«

Es gibt in diesem Werk ein eigenartiges Déjà-vu-Phänomen: Wie jeder Dichter hat auch Eichendorff die Natur wahrgenommen, verinnerlicht und in den Chiffren seines Geistes abgebildet. Wenn wir nun unsererseits in der Wirklichkeit etwas von dem wahrnehmen, was er beschrieben hat, empfinden wir nicht selten: Das ist ja wie bei Eichendorff!

Es ist übrigens ein verbreiteter Irrtum, daß er sich immer gleichgeblieben sei und keine Entwicklung durchlaufen habe. Er rührt aus der Tatsache, daß die erste große Gedichtausgabe von 1837 in sieben thematische Gruppen gegliedert war, denen sich ab 1841 mit den Gedichten »Aus dem Spanischen« eine achte anschloß. Diesen Aufbau haben die meisten großen Ausgaben bis heute beibehalten, und auch wir bieten keine chronologische Ordnung, weil 100 Gedichte zwar Tiefe und Schönheit dieses Werks anzeigen, kaum aber eine Entwicklung skizzieren können. Andererseits verbot sich bei einer so knappen Auswahl auch die herkömmliche Gliederung, denn aus den »Geistlichen Gedichten« ist so manches, aus den »Zeitliedern« das meiste obsolet geworden.

Es sind vor allem die Sänger-, Frühlings-, Liebes-, Wander- und Naturgedichte, auf die sich Ruhm und Nachruhm Eichendorffs stützen. Hier gelingen ihm Bilder von bezwingender Imaginationskraft. »Dämmrung will die Flügel spreiten« – »Der Himmel macht die Runde« – »Es war als hätt der Himmel / Die Erde still geküßt« – was für überraschende, was für tief einprägsame Erfindungen das sind! Damit hat sich Eichendorff unvergeßlich in das Gedächtnis seiner Leser eingeschrieben, und so gilt er ihnen, weit vor Hölderlin, Mörike oder Brentano, als der deutsche Romantiker schlechthin.

Dabei war es mit der Romantik eigentlich schon vorbei, als Eichendorffs Gedichte erschienen. Auch er selber hat das so gesehen und sich in seinem Roman »Dichter und ihre Gesellen« mit dem Seufzer »Ich wollte, die Romantik wäre lieber gar nicht erfunden worden« von dieser Richtung geradezu distanziert. Die biographischen Bruchstücke des Alters (eine geschlossene Lebensbeschreibung sollte ihm nicht mehr gelingen) zeigen ihn

dann schon mitten im Realismus: präzise und anschau-
lich, witzig pointiert, formal immer wieder neu ansetzend
und in wunderbarer Selbstironie von sich Distanz hal-
tend. Daß die Romane, Erzählungen, vor allem die Ge-
dichte, auf die sich sein Ruhm gründet, aber von einer ro-
mantischen Sehnsucht sprechen, hat Gründe, und die rei-
chen tief in des Dichters Kindheit zurück.

Am 10. März 1788 wurde er auf Schloß Lubowitz in
der Nähe der oberschlesischen, damals zu Preußen ge-
hörenden Stadt Ratibor geboren. Das Gebäude bot
durchaus einen repräsentativen Rahmen für den nie-
deren Adel, aber man darf sich den Haushalt auch nicht
besonders prächtig vorstellen. Gleich jenseits des Vor-
hofs lag schon der Gutsbetrieb, aus dessen Bewirtschaf-
tung alles bezahlt werden mußte. Das zum Schloß
gehörende Dorf hatte damals 68 Einwohner; die meisten
betrieben als Lohnarbeiter Ackerbau und Viehzucht für
Eichendorffs Vater. Der kam mit den modernen Not-
wendigkeiten einer ökonomisch geführten Agrarwirt-
schaft schon bald nicht mehr zurecht und war 1801 zah-
lungsunfähig. 1823 mußten Schloß und Gut – trotz
Bemühungen des juristisch ausgebildeten Dichters und
seines 1786 geborenen Bruders Wilhelm – zwangsverstei-
gert werden.

Dieser Verlust wurde Eichendorff zum lebenslangen
Trauma: Die glückliche Kindheit hatte keinen Ort mehr.
Sehnsucht, Heimkehr, Fremdheit wurden zum Thema
seiner Gedichte. Dem Bruder gegenüber evozierte er
wiederholt gemeinsame Erinnerungen (»Gedenkst du
noch des Gartens / Und Schlosses überm Wald«). Aber
die Bilder sind nur noch in Kopf und Herzen lebendig
(»Das ist der alte Baum nicht mehr, / Der damals hier ge-
standen«).

Marie Luise Kaschnitz spricht in ihrer Studie über Ei-
chendorffs Jugend von einem Schatz lyrischer Empfin-
dungen, der auf die Erlösung durch das Wort gewartet

habe: »In diesen Schatz war schon alles eingegangen, was sich dem wandernden Jüngling an Natur und Landschaft in diesen Jahren erschlossen hatte. Wie von den Motiven der Heimat viele ihren Ursprung in der Kinderzeit hatten, so gehen die meisten der später immer wiederkehrenden Leitbilder von Fernweh und Heimweh, Aufbruch und Einsamkeit auf diese ersten Welterfahrungen des Jünglings zurück. Vom Berg Zobten stammte der erste überwältigende Rundblick, vom Giebichenstein das erste Erlebnis von Berg und Strom, vom Brocken das schaurige Erlebnis chaotisch düsterer Wildnis, vom Travemünder Strande die Erfahrung der Meeresweite und von den Neckarbergen der bewegte Blick in die abendliche Himmelsglut und das Schweifen von Burg zu Burg auf bewaldeten Höhen.«

All diese Urbilder standen Eichendorff zur Verfügung, als er 1808 sein Studium in Heidelberg abgeschlossen hatte. Sie verbanden sich mit seinen Freuden und Schmerzen und immer mehr auch mit seiner kontinuierlich geübten schriftstellerischen Begabung. Schon der Zwölfjährige hatte Tagebuch geführt und dabei das kurze Ausformulieren dramatischer Begebenheiten trainiert. »Ist ein toller Hund nahe bey mir vorbey geloffen in Slavicau«, heißt es unter dem 11. Februar 1801. Und unter dem 27. Februar: »Sind die ersten Schiffe auf das neue Jahrhundert: 1801 hier vorbey kommen.«

»Des Knaben Wunderhorn« (1806) hat später großen Eindruck auf ihn gemacht, und er besuchte die Heidelberger Vorlesungen von Joseph Görres, der diese maßstabsetzende Sammlung Achim von Arnims und Clemens Brentanos enthusiastisch besprach. Im Kreis des heute vergessenen Dichters Graf von Loeben lernte er damals auch die gemeinschaftsbildenden Formen literarischen Lebens kennen. Jeder hatte dort einen Künstlernamen – Eichendorff wurde »Florens« genannt –, und man las aus neuen Manuskripten vor. Seine beachtlichen

Fremdsprachenkenntnisse übten die Flexibilität der eigenen Sprache beträchtlich. Außer dem Schullatein beherrschte er Polnisch, Spanisch, Italienisch und Französisch. Als er an seinem ersten Roman »Ahnung und Gegenwart« arbeitete, hatte er das Glück, Friedrich und Dorothea Schlegel kennenzulernen, die ihm nicht nur zur Veröffentlichung rieten, sondern dabei auch behilflich waren. Und der berühmte Friedrich de la Motte Fouqué steuerte voller Überzeugung, daß es für diesen jungen Dichter lohne, ein werbendes Vorwort bei.

Das Jahr 1815 dürfen wir uns als ein hochgestimmtes im Leben Eichendorffs vorstellen. Am 7. April heiratete er Luise von Larisch, mit der er ein Leben lang glücklich verbunden war. Am 30. August wurde sein Sohn Hermann geboren. Und schließlich erschien in diesem Jahr auch der Roman. Zwar war die Resonanz noch schwach, aber allemal stärker ist ohnehin das Hochgefühl, das jedem Autor aus der Publikation gerade seines ersten Werkes erwächst.

Hinter der Heirat mit Luise verbirgt sich mit Sicherheit eine der romantischsten Geschichten im Leben des eher Unromantischen. Wir wissen, wie sehr Eichendorff unter dem Verlust von Schloß Lubowitz gelitten hat. Es wäre durchaus möglich gewesen, diesem Schicksal durch eine reiche Heirat zu wehren. Der junge Herr war von Stand, sah gut aus und war gebildet. Eine glänzende Laufbahn im Staatsdienst lag im Bereich des Möglichen. Seine Eltern hofften sehr auf eine solche Lösung. Aber dann verliebte er sich im Sommer 1808 in Luise, und als er die Unvermögende schließlich heiratete, war sie – man bedenke Zeit und Sitten! – im fünften Monat schwanger.

Luise hat ökonomische Engpässe, Kindstod, Krankheiten und gleich zu Beginn den patriotischen Rausch ihres Mannes, der vierzehn Tage nach der Heirat in den Krieg zog, erlitten – alles, was Frauen damals zu erleiden hatten. Und dennoch gelang die Ehe, in der beide Geborgenheit fanden. Diesem Glück verdanken wir einige von Eichendorffs schönsten zärtlich-übermütigen Gedichten. »Der Bräutigam«, »Winzer«, »Der junge Ehemann« sind zweifellos von seiner Frau inspiriert. Eichendorff hat seine Lyrik nur zögernd und nach sorgfältiger Prüfung veröffentlicht. Während Zeitgenossen wie Fouqué und Rückert Jahr für Jahr die Kalender und Taschenbücher reichlich bestückten, ging er zurückhaltender vor. Selbständige Publikationen haben die Messekataloge zu seinen Lebzeiten nur zweimal angezeigt: Gesammelte Gedichte verbarg der 38jährige erstmals im Anhang seiner »Taugenichts«-Novelle, und er war schon 49 Jahre alt, als er einen ausschließlich seiner Lyrik gewidmeten Band herausgab. Die nächste geschlossene Veröffentlichung erschien dann schon innerhalb der nach seinem Tod publizierten »Sämmtlichen Werke« von 1864.

»Wir sind längst überzeugt«, schrieb Hermann Hesse, »daß er zu den Klassikern gehört, und sehen ihn, gleich seinen ähnlich bescheidenen Brüdern Uhland und Mörike, ganz ohne Lärm zu jener Unsterblichkeit eingegangen, an welcher keine Kritik mehr rütteln kann.« Und der Lyriker Johannes Bobrowski empfahl: »Man sollte Gelegenheit nehmen, seine Vorstellung von diesem Dichter zu überprüfen.«

Hundert Gedichte sind dazu eine gute Gelegenheit.

Paul Stöcklein: Joseph von Eichendorff in Selbstzeugnissen und Bilddokumenten. Reinbek: Rowohlt Taschenbuch Verlag 1963.
Hermann Korte: Joseph von Eichendorff. Reinbek: Rowohlt Taschenbuch Verlag 2000.
Theodor W. Adorno: Noten zur Literatur. Band 1, darin: Zum Gedächtnis Eichendorffs. Frankfurt a. M.: Suhrkamp 1958.
Marie Luise Kaschnitz: Florens. Eichendorffs Jugend. Düsseldorf: Claassen 1984.

Der Autor

Joseph Freiherr von Eichendorff wurde am 10. März 1788 auf dem oberschlesischen Schloß Lubowitz bei Ratibor, dem heutigen Racibórz, geboren und starb am 26. November 1857 in Neiße. Nach der Schulzeit in Breslau studierte er Jura in Halle, Heidelberg und Wien. 1816, mit seinem Eintritt in den Staatsdienst, begann eine Beamtenlaufbahn, die ihn von Breslau über Danzig nach Königsberg und Berlin führte. 1844 wurde er als Geheimer Regierungsrat in den Ruhestand versetzt. Danach lebte er in verschiedenen Städten, u. a. in Wien, Dresden und Berlin. Wichtige Publikationen: »Ahnung und Gegenwart« (1815), »Das Marmorbild« (1817), »Aus dem Leben eines Taugenichts« (1826), »Dichter und ihre Gesellen« (1834), »Das Schloß Dürande« (1836), »Gedichte« (1837), »Geschichte der poetischen Literatur Deutschlands« (1856), »Sämmtliche Werke« (1864, postum).

Der Herausgeber

Klaus Seehafer (Jg. 1947) lebt als Bibliothekar, Autor und Herausgeber in Diepholz/Niedersachsen. Breite Resonanz fand seine 1998 im Aufbau-Verlag erschienene Goethe-Biographie »Mein Leben ein einzig Abenteuer«. Als Herausgeber konzentrierte er sich in den letzten Jahren vor allem auf Lyrik-Anthologien: »Wenn ich durch Wald und Fluren geh. Deutsche Naturgedichte der Klassik und Romantik« (2000), »Ich wandle unter Blumen. Die schönsten Gartengedichte« (2001), »Morgen, Kinder, wird's was geben. Gedichte zur Weihnachtszeit« (2001), »Des Himmels heitere Bläue. Die schönsten Sommergedichte« (2002) und, zusammen mit den Bremer Fotografen Cordula Hamann und Uwe Mädger,

»Im Laub ein leis Geflüster. Romantische Gartenlust«
(2001). Jüngste Veröffentlichung: »Goethe für Eilige«
(2002).

Textgrundlage
Joseph von Eichendorff, Gesammelte Werke. Band 1:
Gedichte, Nachlese, Die Freier. Textrevision und Erläu-
terungen von Regine Otto. Berlin: Aufbau-Verlag 1962.
Das Gedicht »Morgendämmerung« (»Gedenk ich noch
der Frühlingsnächte«) wurde der folgenden Ausgabe
entnommen: Joseph von Eichendorff, Werke. Hrsg. von
Wolfdietrich Rasch. München 1966.

Alphabetisches Verzeichnis
der Gedichtüberschriften und -anfänge

**Aufbau Literaturkalender
2003 im 36. Jahrgang**
Redaktion:
Günther Drommer, Cati Polojachtof
56 Seiten. Spiralbindung
Mit zahlreichen farbigen und s/w-Abb.
ISBN 3-351-02930-6

»Wie gut, daß es diesen Literaturkalender noch gibt ...« Die Zeit

Auch im 36. Jahrgang bleibt er seinem Konzept treu:
Der Aufbau Literaturkalender lädt ein zu einer literarischen
Entdeckungsreise durch Jahrhunderte und über Erdteile
hinweg. Woche für Woche erzählt er von hochberühmten
Autoren und namenlosen Poeten, erfreut durch Porträts,
Gemälde, Zeichnungen, Illustrationen, Karikaturen und
Fotografien von Dichtern und Denkern in vertrauten und
ungewohnten Posen. Das ständig aktualisierte Verzeichnis
der Geburts- und Sterbedaten enthält über 3000 Einträge.

»Eine Perle in der Kalenderflut.«
Thüringer Allgemeine

aufbau
VERLAG

Mehr Informationen erhalten Sie unter
www.aufbau-verlag.de oder von Ihrem Buchhändler

»Man muß sich die Kunden des Aufbau-Verlages als glückliche Menschen vorstellen.«

Theodor Fontane
Hundert Gedichte
Herausgegeben von Gotthard Erler
Leinen, 167 Seiten
ISBN 3-351-02948-9

»Lyrik für Genießer«

Die erlesene Reihe präsentiert je 100 Gedichte in kundiger
Auswahl, und weil zeitlose Schlichtheit, Eleganz und
Gediegenheit nicht vergehen, sind die hochformatigen
Bände in feinstes Leinen gebunden und mit farbigem
Vorsatzpapier ausgestattet.

Heinrich Heine, Hundert Gedichte
Herausgegeben von Jan-Christoph Hauschild
186 Seiten, ISBN 3-351-02946-2

Christian Morgenstern, Hundert Gedichte
Herausgegeben von Frank Möbus
155 Seiten, ISBN 3-351-02947-0

Rainer Maria Rilke, Hundert Gedichte
Herausgegeben von Gisela und Ulrich Häussermann
144 Seiten, ISBN 3-351-02899-7

Mehr Informationen erhalten Sie unter
www.aufbau-verlag.de oder von Ihrem Buchhändler

William Shakespeare
Sämtliche Werke in 4 Bänden
*Herausgegeben und neu kommentiert
von Günther Klotz
Aus dem Englischen von August
Wilhelm Schlegel, Ludwig Tieck u.a.
Mit einem Frontispiz
Beilage: Genealogie der Königshäuser
3990 Seiten. Gebunden*
ISBN 3-351-02898-9

»Unübertroffen in der Tiefe und Poesie der Sprache.« FOCUS

Trotz diverser Neuübersetzungen gilt die zu Anfang des
19. Jahrhunderts entstandene Übersetzung von Schlegel/
Tieck nach wie vor als *der* deutsche Shakespeare. Unsere
Ausgabe ist mit einer Neukommentierung des Shakespeare-
Experten Günther Klotz versehen, die – und das ist einma-
lig auf dem deutschen Markt – den Stand der internationa-
len Forschung auf allgemeinverständliche Weise präsentiert.

**»Die bei Aufbau erschienene Ausgabe, die derzeit einzige
vollständige in deutscher Sprache, enthält alle Komödien,
Historien und Tragödien sowie sämtliche Sonette, darüber
hinaus auch die Verserzählungen ›Venus und Adonis‹ und
›Lucretia‹ sowie einzelne Gedichte.«** FOCUS

aufbau
VERLAG
*Mehr Informationen erhalten Sie unter
www.aufbau-verlag.de oder von Ihrem Buchhändler*

Die Bibliothek deutscher Klassiker
Das Beste in 12 Bänden
Limitierte Sonderedition im Schuber
Mit 12 Frontispizen
Gebunden, 4299 Seiten
ISBN 3-351-02960-8

»Faszinierender Blick auf Gipfelleistungen deutscher Literatur« Neues Deutschland

Das Beste auf 4299 Seiten in 12 klassisch schönen Bänden: Sie enthalten die wichtigsten Werke von Goethe (Werther, Wahlverwandtschaften), Schiller (Räuber, Kabale und Liebe), Hölderlin (Hyperion, Der Tod des Empedokles), Kleist (Gedichte, Erzählungen, Anekdoten), E. T. A. Hoffmann (Lebensansichten des Katers Murr), Eichendorff (Gedichte, Aus dem Leben eines Taugenichts), Raabe (Die Chronik der Sperlingsgasse, Die schwarze Galeere), Heine (Deutschland – ein Wintermärchen, Die Harzreise), Droste-Hülshoff (Gedichte, Die Judenbuche, Bilder aus Westfalen), Mörike (Gedichte, Das Stuttgarter Hutzelmännlein, Mozart auf der Reise nach Prag), Storm (Gedichte, Die Regentrude, Immensee) und Fontane (Effi Briest).

»Sie ist sehr bunt, erstaunlich anspruchsvoll und verblüffend unkonventionell in der Auswahl, diskutabel allemal, aber nie unakzeptabel.« Neues Deutschland

aufbau
VERLAG

Mehr Informationen erhalten Sie unter
www.aufbau-verlag.de oder von Ihrem Buchhändler